AF353425

Constelaciones

~de tu casa a la mía~

Constelaciones – de tu casa a la mía-
David López
@davidtolopez

Cover art Designed by Freepik
Daniel Afanasev. Por las traducciones a ruso.

ISBN: 978-958-48-9880-7

Printed in Colombia – Impreso En Colombia

Constelaciones

~de tu casa a la mía~

DAVID LÓPEZ

Para:

Quienes dieron la vuelta a mi
mundo, en sus idiomas, lugares y zonas horarias.

CARTA DEL AUTOR

Durante los últimos años, he tenido el placer de conocer diferentes personas alrededor del mundo, lo cual se ha convertido en uno de los mejores privilegios que he tenido y seguiré teniendo. Gracias a esas personas que se cruzaron en mi camino y recorrieron conmigo una parte del mismo, es que hoy puedo mostrarles una recopilación de escritos que salen de lo más profundo de mi corazón y totalmente inspirados por ellos y ellas quienes dejaron una huella imborrable en mi vida. Esta es mi forma de dejarlos en la inmortalidad.

Es por eso que he decidido recordarlos a cada uno de ellos con estas líneas que nunca les recité pero que siempre conservo en mi memoria, junto con todas las experiencias vividas, los lugares en los que estuve y en los idiomas en los que me comuniqué.

También, decidí agregar algunos escritos personales, creados en momentos oscuros de mi vida que expresan lo que en algún momento llegué a sentir y a pensar, mostrándome vulnerable y desnudo ante todos ustedes.

Siempre he asegurado que hay personas, lugares, situaciones que vale la pena honrar, y creo que esta es la mejor forma de hacerlo. Parte de la autoría de lo que encontrarán en las siguientes páginas, les pertenece, así como un merecido espacio en mi corazón y pensamientos. Cada poema tiene una historia, un sentimiento y una persona detrás.

Solo me resta decir que uno de los mejores presentes que he recibido de la vida es el poder experimentar varias sensaciones que me han conducido a lugares remotos en donde intento buscarme cautelosamente; seguramente esa sea la razón por la que me decidí a publicar este libro que me costó cuatro años de mi vida, millones de pasos caminados, idiomas hablados, países visitados, besos apasionados, lagrimas, procrastinación, depresión, horas de sueño para escapar de la realidad, perder y encontrar el propósito de mi vida, amores fallidos y lecciones aprendidas.

Espero que lo que están a punto de leer sea de su agrado, y les aseguro que empatizarán con alguna de las páginas que les aguarda con muchas ansias.

Gracias a todos, todas y a todo.

David López.

Con estas letras intento hallarte.

Este libro irá en busca de ti:
recorrerá aeropuertos,
hablará varios idiomas,
rezará a los diferentes dioses,
cruzará océanos
y arderá en alguna playa.

Verá sonrisas,
tocará hojas caídas de árboles en otoño,
besará el hielo
y será tan fugaz como una estrella.

Bailará tango,
gritará gol,
beberá cerveza,
compondrá una canción,
recogerá semillas de café
y cantará el "feliz cumpleaños" a alguien.

Estará despierto
día y noche
hasta que, a lo lejos
alguien pronuncie tu nombre.

Juro que te encontraré.

A MI MISMO

Voy a amarme a mí mismo.

Más que el que toma mi mano, jura en vano
y se pierde en la juerga del destino.

Estoy cansado de ser protagonista del olvido
y que, mi corazón abierto como el cielo
sea talado salvajemente como selva que desaparece
por ambición.

Voy a amarme a mí mismo.
Más que el que me besa y da las buenas noches,
repitiendo todas las madrugadas sin su presencia.

Más que el que calma el estío sobre mi pecho
para luego convertir en invierno su hemisferio sur
empacando la decepción para llevar.

Voy a quererme más que el que acaricia y hiende mi
piel
mientras burdo, predice el clima
anunciando la lluvia con posibilidades de cambios de
humor.

Voy a entenderme
más que el que nunca sabe qué más decir
después de un *te quiero*

o al que no le importa preguntarme
para poder explicarme.

Siempre debo estar yo
antes de quién me da caricia y luego me aborrece; al
que penetra mi alma
y se vuelve fantasma, ni siquiera recuerdo.

Voy a pensar más en mi
antes de pensar en la supuesta bondad
que siempre viene disfrazada de simpatía.

EL RECITAL

Inspirado por "The Recital"
*de **X-Ray Dog***

Find my Melody, never was so easy.

No tenía nada
y tú me empezaste de cero,
me desarmaste
y me compusiste de nuevo
en Re menor.

Escribiste versos sobre mi piel muerta
opacando las heridas de mi cuerpo
que alguien no se llevó,
y llenaste mis vacíos
sin preguntar quién los había dejado.

Encontraste mi mano
en la espesa oscuridad;
allí donde nadie ve los pecados,
y los débiles ocultan su desgracia.

Y sobre un puente viejo
escribes el preludio de nuestros besos
llenos de anécdotas que no usaremos.

Afinas mi voz en tus idiomas,
y en acordes
pones mi vida en orden
junto a las corbatas que nunca luciré.

Me empujaste al ruedo
y el mundo que enfrentamos
conoció mi voz.

He cantado la maravillosa canción
que empieza en tu bondad
y termina en nuestra cama.

No sé si me salvaste
o si te salvé,
pero justo ahora
las ovaciones son para ambos.

AMBIGUO

Estoy cansado
de que mis labios secos
griten de ansiedad
mientras se ahogan
en la arena de un desierto
que nadie quiere descubrir.

Pero llegas tú
posándote en mi ventana
y debo desdibujar las estaciones
para entenderte.

Me dices que no eres ni otoño
ni primavera,
que eres un nómada sin nombre,
que pronto te irás,
que no te recuerde.

Y es que,
de caída al vacío
he esquivado docenas de manos
que han querido alcanzarme
en espera de que las tuyas
sean las que me atrapen.

Y cariño,
aunque dolió el asfalto
te seguiré queriendo
con costillas
y corazón roto.

NOS(OTROS) MUNDOS

Nunca terminamos
de recorrernos
a nosotros mismos,
cuando ya estamos en busca
de otros mundos.

We never finish the travel
on ourselves
when we are already
looking for other worlds.

USO DE LA "N" Y LA "Ñ"

20

Te añoro,
pero
y(a no ro)mpas más mi corazón.

TE ESPERARÉ EN PARÍS.

Inspirado por "I Giorni" de
Ludovico Einaudi

a Marco.

Te esperaré en París.
Y no, no recorreré la ciudad sin ti.

Te esperaré en París,
voy liviano de equipaje
para que en la noche nuestros cuerpos estén libres
de peso
de pesares
de pasados y paisajes.

Tomaré el primer vuelo
pero no te preocupes,
puedes llegar más tarde.

Porque después de cruzar tantas fronteras
en la única que quiero permanecer
es en esa que divide tu piel blanca
de la bronceada
después de una tarde de playa en Barcelona.

Te esperaré en París,
mientras los turistas toman fotos
y los cafés se llenan de parejas y besos.

Puedes estar tranquilo,
no voy a visitar nada hasta tu llegada.

Me han dicho que vengo del país más feliz del mundo
así que ya me puedo declarar una república
si tu cabello es mi bandera
que izo en cualquier plaza principal,
y tu barba en mi beso
es el que
con himnos entonados
escriben las estadísticas.

Te esperaré en París
mientras escucho la melodía de Ludovico Einaudi
e imagino tu cuerpo caminando hacia el mío
como un huracán
con la fuerza suficiente
para derribar estereotipos
tal y como lo pronosticaron
meses atrás.

Te esperaré con ansias,
mientras pienso
en cómo
regalarte
París.

I'LL WAIT FOR YOU IN PARIS

a Marco.

I'll wait for you in Paris
and no, I won't run the city without you.

I'll wait for you in Paris
I don't got much baggage
so, in the night our bodies
will be free
of weight, shames,
frames and past.

I'll take the first flight,
but, don't you worry
You can come later,
because after crossing several borders
the only one I want to stay
is in that, that divides your white skin from tan
after a beach afternoon in Barcelona.

I'll wait for you in Paris
while the tourists take photographs
and the coffee shops are full of couples and kisses.

You can relax
I won't visit any place until you arrive.

I've been told

that I come from the happiest country in the world
so, now I can declare myself a republic,
if your hair is the flag
that I hoisted in any main square
and your beard in my kiss
is that with
toned hymns
write the statistics.

I'll wait for you in Paris
while I hear a melody by Ludovico Einaudi
and picture your body walking towards mine
as a tornado
with enough force
to tear down stereotypes
as predicted
months ago.

I'll wait for you anxiously,
while I think
how I can
give you
Paris.

NO ERES MÁS DE LO QUE SOY
NI MENOS DE LO QUE DE VERDAD ERES

Vives en todos los países
pero no eres de ninguno,
y yo sigo buscando tu nacionalidad
entre vuelos,
visas y carreteras
para encontrar algún día
el abecedario correcto
y tatuar tu cuerpo
en el mapa de mis sentimientos.

RIMAS

Quiero escribirte un poema,
de esos que los versos llevan un ritmo
y se escribe en rima.

Pero joder,
me cuesta encontrar una palabra
que rime con tus ojos
y eso me frustra.

Porque en verdad
quiero escribirte un poema de esos que te erizan la
piel
y sientes que todo el cuerpo se estremece
sí lo lees a la velocidad indicada,
con la voz correcta.

Sexo con beso
corazón con razón
tiempo al tiempo.
-¡maldición!-
mi mente está en blanco.

Quiero ser un poeta para ti,
pero lo único que puedo rimar
son tus labios con los míos,
en perfecta rima, armonía
vida mía.

-¿me entiendes?-

DE MI PRIMERA VEZ EN LONDRES

*Inspirado por: "From my
time in London" de **Marcus Warner***

Mi primer viaje a Londres
fue cuando mis dedos
caminaron hasta el límite de tu pecho
y se asentaron en tus labios
mientras nuestro contacto visual
rompía fronteras,
opacaba nacionalidades
y neutralizaba idiomas
lanzando los prejuicios
y nuestras camisas al suelo.

De mi viaje a Londres
estreché tu mano por primera vez,
me llevaste a tu casa;
abrí las cortinas
y dibujé en las ventanas
la bandera de un país
que descubrimos y conquistamos
con nuestro primer beso.

De mi primera vez en Londres
toqué tu pecho,
te descubrí bizarro
y te retraté desnudo;
también entendí
la mecánica del amor ciego:
solo basta con palparnos
el alma.

A partir de ahí
todo
empezó a tener
sentido.

De mi tiempo en Londres,
tatué en mi pecho
el futuro
escrito con tu letra.

KARMA-SUTRA

Te fuiste.
Y dejaste en mi cama las posiciones
en que repetíamos el amor.

Quedaron manchas
en las sábanas
con tu fragancia
y marcaste con sudor
una frontera
de la que ya no somos dueños.

Ahora no sé
a qué lado de la cama dormir.

Ese es mi karma.

CONFESIONES

Escrito bajo las melodías de
"Remember me" de **Thomas Bergersen***.*

Confieso que
nunca despierto
pero mi cama siempre está tendida.

Que los inviernos nunca habían sido tan claros
y que los regresos
nunca habían sido tan lentos.

Confieso que
camino en el lienzo
que sostiene mis pasos cegados
que conducen al abismo,
a un campo que nadie había pisado.
Que labro senderos para ajenos
y busco agua para calmar otra sed,
huyendo de algo,
queriéndome acercar a alguien.

Confieso que
nunca me habían aterrado los caminos de vuelta,
que la nieve no había quemado con tanta intensidad
y que los fríos no habían sido tan violentos
como cuando me rodeaban
tus abrazos.

Confieso que
la muerte vive
esperando nuestro claudicar;
a veces se esconde debajo de nuestra cama,
otras veces, se disfraza de beso
para convertirse luego en abandono.

Que la soledad existe
y se viste de carmesí,
se peina, se ríe,
grita con euforia
las compañías que no se permitió
y ahora deambula etérea
en busca de un deprimido.

Confieso que mis abismos colisionaron,
que perdí el camino a la gloria
al borde de tu mano
y que nadie sabe cuánto duele
lo que en verdad duele.

Que nuestros nombres resuenan en el océano
esperando un eco al otro lado del pacifico.

Que, las líneas que trazamos entre nosotros
son más fuertes que la mala suerte
y que no entiendo
porqué el ahora será la burla de un mañana.

Confieso que
el amor nunca había sido tan difícil,
que los cuerpos son el viento que nos empuja
y se aleja.

Confieso que recordar es morir,
que el pasado es lúgubre
y las personas etéreas;
que no hay noche
en la que el cielo estrellado no se compadezca
y me mire a los ojos lamentando mi miseria.

Confieso que no quiero quedarme en un solo lugar;
que no existe brújula que quiera indicar mi norte,
que no hay idioma en que no se repita el perdón
y que pertenezco solo a la libertad.

Confieso que mi madre caminó treinta años
antes de concebirme;
que bailó y luchó en su juventud
para tenerme en su vientre
y que, gracias a ella
merezco el nombre que tengo.

Confieso que las heridas no son de guerra,
son de amor,
y cada trazo imperfecto en mi piel
es solo el historial de amores perdidos,
amores sin sentido que arrojaron la piedra
y me abofetearon con su mano.

Que pronunciar "adiós"
duele en todos los idiomas,
incluso rompe
hasta el más frio corazón
y que
no existen fronteras para las huidas.

Confieso que los mitos son tan reales
como los amores
que terminan en abandono.

Que,
otorgamos nuestra sonrisa
a quien no la disfruta
y que la reciprocidad
es una virtud de héroes
que se comenta en leyendas
permaneciendo intacta
en la historia.

Confieso que
el pasado ya no me duele,
me fortalece.

Y que
ya no lloro a merced
de quien altera mis caminos.

MI CUERPO

Puedes tocar mi cuerpo
con frenesí.
Pero el corazón,
te lo ruego,
¡sacúdelo!

You can touch my body
with frenzy.
But my heart
I beg you
¡shake it out!

Μπορείς ν'ακουμπήσεις
το σώμα μου με αλλοφροσύνη,
αλλά την καρδιά μου
σε ικετεύω
να ταράξεις.

את יכולה לגעת בגוף שלי עם שיגעון.
אבל הלב שלי אני מתחנן אלייך תרעידי אותו

Puoi toccare il mio corpo
con frenesia.
Ma il mio cuore,
ti prego,
scuotilo!

A TI, QUIEN NO PUDE

A ti, ser indolente.
Que afilaste la espada
y trepaste por la pared,
cuando pude ser la ventana de tus ojos.

A ti, ser incrédulo.
Que me empujaste al abismo
que íbamos a saltar juntos,
y me besaste en la frente
para desearme suerte
en la caída.

A ti,
que eres alba
           y ávaro.

Que fuiste hoy
y acabaste hoy mismo
porque no lloviste,
-porque no quisiste-
Porque fuimos solo veinticuatro horas,
las suficientes para declararlas un año de sequía.

A ti.
A quien todos predijeron
pero nadie adivinó,
el que expulsó mis demonios
para después
esconderlos debajo de mi cama.

Que creíste que tenía caminos,
pero olvidaste que debíamos recorrer
para trazarlos.

A ti, te digo:
que no has dejado más vacíos de los que ya tenía,
que me follaste a medias
y me fallaste en todas.

Que decepcionaste
sin tocar mis fibras.
Que nada quebraste,
solo me recordaste lo que ya estaba roto
y arruinaste lo que quería olvidar.

Que no abriste heridas,
solo metiste tu dedo en la llaga,
y que tus intentos de truncar mi voz
para hacer de la tuya un tenor,
han fracasado.

Que destrozaste mi corazón,
más no mi amor,

y que el vaso de agua que no aceptaste,
lo guardé para un alma sedienta.
Y es que te he visto
vestirme con la misma simpatía
con la que un día
me quisiste desvestir.

Que,
ahora
veo
en
mí,
tu
soledad.

A BLANCO Y NEGRO

Yo, moreno
tú, blanco.

Formaron los colores de una bandera
que izamos en nuestra cama
entonando nuestro himno:
te amo.

Me hablaste en tantos idiomas
pero no me dijiste "adiós" en ninguno.

Trazaste en mi espalda tantas promesas
que mi piel muerta arde
y el mar se va a burlar de mi
cada vez que me desvista y quiera iniciar de nuevo.

Tracé una línea que cruzaba el océano
desde la palmera que adorna el patio de mi casa
hasta el Big Ben, en tu ciudad,
que seis horas de diferencia
tomaron vuelo
cómo una alondra en alba
para decirme que no empacara
porque no puede existir prisa
si no hay un motivo.

y tú ya te habías ido.

EQUINOX

Inspirado por "Equinox" de
Audiomachine

Hoy acaba el verano.

Y nuestras camas
son una vía láctea
en la que tu cuerpo
girando al rededor del mío
anuncia la llegada del otoño.

En días como estos,
mi pecho
a 90 grados de tu ombligo
alcanza el cenit
y observamos en un orgasmo
lo que el mundo espera de nosotros
pero que nunca seremos.

El día y la noche tienen la misma duración
en todos los lugares de nuestra piel
pero no importa,
porque puedo pasar dos solsticios
haciéndote el amor
y dos equinoccios amándote el hacer

girando sobre nuestro propio eje,
y alrededor de la misma cama.

40

AMOR A CUATRO ESTACIONES

En mi país no experimentamos
las cuatro estaciones,
pero podemos expresar lo que sentimos
gritándolo a los cuatro vientos.

-es casi lo mismo-

LOVE AT FOUR SEASONS

In my country
we don't have four seasons.
but we can shout out loud to the four winds
everything we feel in our hearts.

-It's almost the same-

EN EL CLOSET

Te veo.

Y es ahí,
en ese preciso momento
que pienso
en atar nuestras vidas
con cada una de nuestras corbatas;
esas que guardamos
en el mismo lugar,
en el que solemos escondernos
para besarnos
y tocarnos.

trazando solo un horizonte
dibujando nuestro propio cielo.

DESPUÉS DE TI, NO PUEDO SEGUIR SIENDO YO

Recojo las cenizas
de lo que sigo siendo,
porque no he renacido.

Me he desvestido las espinas
y quedé en pétalos,
rojo y fresco en tus manos.

Pero me deshojaste
para saber si me querías o no.

Las rosas sin pétalos no florecen de nuevo.

¿DÓNDE HE ESTADO TODA TU VIDA?

Aprendiendo idiomas
para pronunciar el amor
que haría eco al otro lado del océano.

En la arena movediza que tragaba mi cuerpo
cuando caminaba sediento en busca de labios y de
agua.

En la luz de los intermitentes
que se funden de vez en cuando,
en las pausas del que tiene prisa
y nunca llega,
en la biblia de los que no creen.

En los pantalones de quien no camina
y dentro de unos bolsillos rotos
que esperan su limosna matutina.

Bebiendo mi café con sal,
viendo amaneceres desde otras ventanas
después de noches sin dormir
por haber manchado mi piel
en sabanas que no eran mías.

En la depresión de un herido
con deseos de no existir,
en la hegemonía de un insolente
que se arrepintió antes de morir,
y en el azul de una sangre que no existe
pero todos quieren donar.

En tus deseos de encontrarme,
en esas noches largas sin estrellas a la vista,
en tu vaso de leche de media noche
y los desayunos que no probaste.

En las angustias de mi madre
que se repite en las mañanas,
en la chequera de mi padre
que lamenta mi existir,
en los llantos de un recién nacido
que no conoce su futuro.

En el cáncer de un optimista
al que, por dentro
su corazón late el miedo,
en el suspiro de un miserable
que sueña en convertirse en alcalde,
en las huellas de un pecador
que nunca se arrodilló para pedir perdón.

En el reloj sin batería del que llega tarde,
en quien se excusa por abrir heridas
pero se va sin cerrarlas,

en las ventanas en las que entra el sol,
y en las que nunca se abren
para no dejar escapar el pasado.

¿Y aún tienes la valía de preguntarme
en dónde he estado toda tu vida?

DECIRTE

El puto problema
de decirte que sí,
es que si-empre
termino atrapado
en tu cama.

La decepción
de decirte que no,
es que no-s besamos
sin importar las iras o las vidas,
las idas y venidas.

Así que, para tenerte y dejarte,
alejarme y regresar a besarte,
he decidido llamarte
si-no-ni-mo.

DEPRESIÓN

Inspirado por "Hold On" de
Tony Anderson

Es la mano que toca tu corazón
y la espada que lo atraviesa.

Es una noche vejada
disfrazada de día,
de falsa vida
que arruina las veladas
y les traza heridas.

La depresión es un hecho
y algo por hacer.
Es el viento en asecho
de un alma al desvanecer.

Es el testigo y el ausente,
es Aquiles y la flecha en el talón;
el llanto fuerte
en dónde nadie te escucha.

Es la paz y la guerra
en el mismo campo de batalla.
Es la luz
y el final del camino.

La depresión es el pan en la boca
y la leche en el suelo.

Es el litio en la sangre,
la psiquiatría en progreso.

Ataca a astutos y triviales,
amantes y forasteros,
a soñadores y cobardes,
solitarios e inmorales.

Es el rezo y el pecador
profanando la misma canción de cuna.

Son las causas perdidas
y los lugares equivocados.

Es la mordida y el placer culpable
de un cuerpo haciendo espacio para dos.

Es la epifanía de lo que no tenemos,
de lo que no podemos,
de lo que está muerto,
de lo que podemos matar.

Y es que me está doliendo tanto ahí
dónde nadie ha llegado
que,
de corazones rotos y flores marchitas
mi psicología está hecha.

La depresión no te mira a los ojos,
se esconde detrás de ellos.

Es el color rojo
adornando tus dedos
y los horizontes
trazados con dolor
en el cuerpo.

La depresión no es más que un adiós
que se cura con otro adiós.

DEPRESSION

Inspired by "Hold On" by
Tony Anderson

It's the hand touching your heart
and the sword that crosses it.

It's a fake night
disguised as sunshine,
pretending to be alive, as the moonlight,
ruining romanticism
and tracing wounds in the skin.

Depression is a fact
in a heartbeat abstract.
It's the wind slapping a candle
lighting a soul about to disappear.

It's the witness and the absent,
Achilles and the arrow on his heel.

It's the whore in the room
making you love.
It's the path,
at the end of the light.

Depression is the bread in the mouth
and the milk on the floor.

It's the lithium in the blood,
and the psychiatry moving forward.

It attacks bolds, trivial,
lovers and foreigners,
whispering in the ear of dreamers, cowards,
lonely and immoral people.

It's the sinner and the pray
desecrating the same lullaby.
The lose causes,
and the wrong places,
It's the bite and the guilty pleasure
of a body making a room for two.

And it's that it's hurting me so much here,
right in the place where nobody has come to live,
that,
my broken hearts and dead flowers,
was made by psychology.

Depression doesn't look at you straight to the eyes,
It hides behind them.

It's the red in your hands
drawing a painful horizon
in your body.
A madness inside our hearts
that beats, that hurts,
that lives in our eyes closed.

Depression it's not more than a farewell
that heals with one goodbye.

ДЕПРЕССИЯ

Вдохновлено песней
«Hold On»
Тони Андерсона

Это рука, что щупает сердце
и протыкающий меч.
Это постыдная ночь в обличии дня,
она хочет казаться живой.

Она убивает романтику
и оставляет глубокие раны.
Депрессия — данность,
как сердцебиение.

Это ветер, который сдувает
догорающую свечу души.
Она и пустота, и свидетель,
Она Ахиллес и стрела в пяте.

Мир и война на одном поле брани.
Летний снег.
Декабрь без любви.

Депрессия — это хлеб во рту
и молоко на земле.
Это литий в крови,
прогрессирующий психоз.

Она атакует в лоб влюбленных
и незнакомцев,
Мечтателей и трусов,
одиночек и мерзавцев.

Это прозрение, которого нет,
все несделанное от бессилия,
все загубленное уже
и все что предстоит загубить.

Она — это то, что так сильно болит там,
где никто никогда не бывал,
там, где увядшие цветы
и разбитые сердца,
где разрушено все моей душой.

Депрессия не смотрит прямо в глаза,
депрессия прячется за ними.
Это красный цвет,
украшающий руки,
и болезненные горизонты на теле.

Депрессия — не больше,
чем прощание,
которое исцеляется другим прощанием.

Translated by: Daniel Afanasev.

A MAMÁ

A Patricia López.

Solo tú
sabes quererme
sin romper
mi corazón.

שלום
(SHALOM)

A Adi Bekman.

¡Shalom!
me dijiste,
pero nunca supe si me saludabas
o te despedías.

VENEZUELA

*Inspirado por "Cry
Freedom" de **Audiomachine***

A mis hermanos venezolanos.

La libertad llora.

Mientras los burros gobiernan
gritando "democracia"
con mierda en la boca,
tú, arriesgas los huesos
y torturas las entrañas
para obtener alimento.

Se te cierran las puertas
y las fronteras.

Tus lugares
ya no te habitan
y tu casa es un blanco de tiranía,
de ironía disfrazada de alegría
en donde alzar la voz
es pecar.

Dejaste tus sueños
para cumplir otros
y abriste paso en un rio

que caudaloso asechaba
tu cuerpo en desgracia.

Tu identidad mojada,
arrugada
en un bolsillo casi roto,
camina angustioso
entre rascacielos y torres,
mientras que atrás
quedaron los que,
esperan morir
resignados de libertad.

Llegas a casa de tu hermano;
los portazos suenan en tu cara
y el hambre en tu estómago
recordándote
que venías solo.

Un pueblo olvidó los colores de nuestras banderas,
el mismo que,
compartió victorias
y héroes,
hoy
te borra de su historia,
te elimina de su mapa.

un pasaporte mojado,
una nacionalidad vejada,
y un ilusorio comienzo

es el hilo de tu vida.

Tú vete,
vete lejos de esa maldita hegemonía
que mientras la mierda
siga siendo verbo,
solo los ciegos
verán el progreso.

Que mientras la muchedumbre confundida
elogie la tiranía,
no habrá masas
para alimentar bocas
con un trozo de pan,
sino para matar
la libertad.

MARGARITAS

No quiero deshojar margaritas
para saber si me quieres.

Quiero des-roparte
para averiguar
cuanto me quieres.

CADA VEZ QUE PIENSO EN TI

Cada vez que pienso en ti
o veo una estrella fugaz
el recuerdo de tu cuerpo
se lanza a mi vacío.

Cada vez que pienso en ti
o veo una estrella fugaz
el sonido de tu cuerpo
hace eco en mi vacío.

Cada vez que pienso en ti
o veo una estrella fugaz,
el sabor de nuestros besos,
se diluyen con el vacío.

BEARDED

To Liber.

¡Hey you, bearded!

You are beardtiful.
There's a magic landscape in your hairy chest.

Your body is hairymazing.

I want to beard with you
all my life,
and kiss
your beardelicious lips.

You,
my hairvorite person in the world.

You came
to my house
just to give me
libeardty.

(NO) ES EL HILO ROJO EL QUE NOS UNE

*A los que creemos que aún
estamos conectados.*

Mitos aseguran
que un dios griego
dividió en dos las creaturas andróginas
separándolas brutalmente;
para después imponerles como castigo
permanecer resto de sus vidas buscando
su otra mitad.

Ninguno lo logró.

Hoy, aunque somos uno,
en nuestra alma siempre ha habitado
la necesidad de un complemento.

A nosotros nos une
el mismo océano que nos separa,
las carreteras,
los trenes,
las personas y los idiomas,
las nubes que llegan a ti
y regresan con el sol

a mi ventana.

Las fechas que no olvidamos,
los besos en la frente,

la intuición y el perdón.

Lo que hacemos inmortal en el tiempo
con lo que enseñamos,
los que engendramos, y lo que escribimos.

Un abrazo en nuestras mentes,
dos pechos latentes
el martirio dentro del océano
y hasta la misma gravedad.

A nosotros nos une
nuestras voces,
los teléfonos y las ventanas.

Un "te extraño"
y un "algún día"
con la esperanza de vernos pronto.

Las cuerdas
con los que tejemos abrazos
para arroparnos
cuando la distancia hace frio,
cuando somos humanos.

Los litros de sangre que salen de mi brazo,
para dar esperanza a la vida de otro.
Ese es el hilo rojo que nos une.

CONTIGO

Contigo quiero todo.

Quiero perderle el miedo al tiempo,
lanzarme al vacío
sin importarme nada.

No tendré miedo de aventurar
porque contigo
descubrí y conquisté
Constantinopla de nuevo.

SU SONRISA

Su sonrisa
es esa cuerda floja
trazada en forma de horizonte
el cual cruzo con cautela
buscando un equilibrio entre el bien
y el mal.

Su sonrisa,
es el idioma que nadie me enseñó
pero que entiendo cada vez
que se traza espontanea en su rostro.

His Smile
is the tightrope
written as horizon
where I walk slightly
finding the balance
between good and bad.

His Smile
is the language nobody thought me
but the one I understand
every time that
spontaneously is traced on his face.

VOLVER A CASA

Regresé a casa,
porque tú no la pintaste.

Volví a mis brazos débiles;
corrí hacía mí,
porque tu destruiste los cimientos de lo que
construimos.

Regreso a mí,
a quien siempre he querido.

YO ERA LA LLUVIA

*Inspirada en "I was the
rain" de* **Audiomachine**

Te habías dejado
y te habían dejado.

Cuando miraste el cielo gris,
me estabas mirando a los ojos,
lloré
y llegaste empapado a casa.

Fui la lluvia en tu tejado
suplicando espacio en tu cama,
fui el centavo en tu bolsillo que completó el peso,
también fui el amanecer y tu desayuno.

Fui la espalda que soportó tu carga,
la lágrima y el edén,
el cielo y la montaña,
el abrazo y las ventanas.

Fui el cese de tu llanto,
y la sonrisa enardecida;
el plato en un balcón,
y el ladrido de quien te saluda fielmente a llegar a
casa.

Fui tu consciencia,
el labio que llegó a consolarte,
la promesa de una nueva vida.

Pero nunca me conociste
porque no quisiste,
porque no me viste.

Porque te quejaste que en tu vida siempre llovía,
pero yo
era
la
lluvia.

HICISTE TODO AL REVÉS

Me deseaste el amor
y me hiciste las buenas noches
con un beso en el cuerpo
que empañó mi frente.

Y así desperté
sin ti.

You wished me love,
and you made me the good night
with a kiss on my body
that tarnished my forehead.

And so, I woke up
without you.

JUNIO

Dicen que el arcoíris nació
cuando muchas vidas
en movimiento y a blanco y negro
caminaron por las calles,
desafiaron la falsa moral
y se vistieron de colores
para que hoy
tú y yo
podamos tomarnos de la mano.

DE TU CASA A LA MIA

De tu casa a la mía,
hay un Greenwich
que pasó por tu espalda,
una declaración de independencia
en dos idiomas
y verano con invierno al mismo tiempo.

De tu casa a la mía
hay líneas invisibles
y otras creadas políticamente
llamadas fronteras
que filtran
los "te quiero"
en cualquier idioma.

De tu casa a la mía
se establecen democracias,
unos ganan y otros pierden;
se alzan las voces de los inconformes
que son los mismos cuerpos
que las dictaduras opacan.

De tu casa a la mía
hay un hoy, mientras allá ya es mañana.

Kilómetros de cartas
y closets sin abrir
en donde nuestras corbatas
nos disfrazan,
nos protegen
mientras colgamos del cuello
nuestra libertad.

De tu casa a la mía
está el atlántico
y unas ganas tan inmensas
de vestirme
en tu habitación.

FENÓMENOS NATURALES

La lluvia de estrellas Gemínidas
rayaba el manto de la noche
con su luz.

Mientras tú,
caído en mi cama
veías las estrellas en mi techo,
rasgabas mi espalda
y gemías.

LONDRES

Muchos me han hablado
de las maravillas de Londres,
que debo visitar *"the London eye"*
pero nadie me advirtió
de tus ojos grises
que harían perder mi interés en la luna
y el recuerdo del brillo de una estrella.

Aseguran que
el invierno es fuerte,
pero descubrí que con tu abrazo
viviré cuatro veranos este año.

REINA DE AUSTRIA

A conchita Wurst.

Eso eres,
andrógino y perfecta
aire hirviendo
que canta en mis pestañas;
ambiciosa y barbudo
tenor y soprano.

Rey de la canción,
reina de Austria.

OLVIDARTE

79

Olvidarte será difícil.

Aunque depende la forma en la que lo haga:
sí empiezo hoy a leer un buen libro
y lo termino en una semana,
estaré más triste por el final de esa historia
que por la nuestra.

COLEGAS

Yo lo llamo colega.

Ambos somos poetas.
Cada uno
tiene su forma de hacer poesía:

Él,
caminando
y yo,
describiendo con sublime acento
su forma
de hacerlo.

I call him colleague.

We are both poets.
Each of us
have a way to make poetry:

He
Walking around;
and me,
describing with a sublime voice
his way
to do it.

GUILLERMO

Escrito el 23 de enero del 2018, en la página que arranqué de mi diario y ahora reposa en tu billetera.

No estamos en guerra.

Sin embargo,
tú,
-guiño
y yelmo-
te anticipas a las heridas
y me levantas
aunque no hayas
caído conmigo.

ETERNO -TÚ- ETÉREO

82

He buscado algo
de lo que no sé el significado
y me he descubierto desnudo
en camas ajenas
que me impregnan de recuerdos
y se opacan con el humo de un cigarrillo.

Pero es que nunca me he sentido yo
como cuando pronuncias mi nombre.

Porque existes tú
desmintiendo mitos
y rompiendo imposibilidades,
demostrando
que
las utopías
son más que una definición.

Porque no necesitas
ser eterno, sino etéreo
para regalarme
la magia de lo intangible.

CRÓNICA DE UN DESPLANTE

03:00 pm.
Ya veo la luna.

En la plaza principal hace frio
y el bullicio de la ciudad en movimiento
apacigua mis nervios,
el corazón late y deshace mis pensamientos.

Espero tu silueta
mientras los transeúntes
se persignan
al pasar frente a la iglesia.

Un hombre interpreta canciones de amor
con su guitarra
y yo pienso
en cuantas de esas letras
te podría regalar en la primera cita.

Los abrazos
de las personas que se encuentran
chocan,
yo espero mi momento
y pienso con cuanta fuerza debo abrazarte
sin dejar ver mi mi torpeza
pero haciéndote sentir en casa.

6:00 pm.
En el Loudes suenan las campanas.
Los enfermos, arrepentidos, y creyentes
entran a misa.

Alguien enciende un cigarro,
una pareja se besa,
alguien espera,
alguien llega
pero aún no para mí.

Oscurece.
La luna se quedó,
el sol se fue,
yo me fui con él.

07:00 pm
Alguien dijo amén.

SUSPIRO

Un suspiro
es una bocanada de aire
llena de sentimientos,
sensaciones y pensamientos
que se expulsa en momentos
en los que nos llenamos de tanto amor.

Ojalá pudiéramos guardar esos suspiros en una
botella
para luego
entregarlos a esa persona,
como prueba real del amor que sentimos,
ese que nunca decimos.

Um suspiro
é um sopro de ar
cheio de sentimentos,
sensações e pensamentos
que se expulsa em momentos
quando estamos cheios de tanto amor.

Gostaria que pudéssemos colocar os suspiros
em uma garrafa
para entregarmos para essa pessoa,
como prova real do amor que sentimos,
esse que nunca dizemos.

ANA-ALFA-BETA

A las que se aferran.

Ana.
Barricadas y cuencas,
desierto y secretos bajo tu falda.
¿Desde cuando estás silente?

Banal.
Faros y puentes que apagas y rompes;
gritas sin identidad
y callas lo que conoces.
¿Por qué nadie descubre lo que sientes?

Mujer.
Huesos, sumisión y dolor
que reposan en una cama inmune a la rutina
Jactadas de inmundicia de un alma,
producto del del karma.

Dime,
dime cuanto lo amas y te enseñaré un abecedario
o ¿dominas tantos idiomas que no sabes en cual
gritar?

Costillas rotas,
curvas peligrosas y piernas desgastadas.

Caminas llorando, arrastrando tu feminidad
pero no hablas porque no sabes leer los labios
de quien te quiere salvar.

Cuerpo de bordes desgarrados y bolsillos vacíos,
costilla de un Don nadie,
lienzo de un maniático.

Bodrio deseo consumado en una cama,
que se repite entre el sádico deseo
de aliviar un pedazo de carne.

Silencio de años
y lágrimas nocturnas
entre humo de un cigarrillo
que te convierte en polvo.

Maldita.
Usada e infinita,
adolorida y misteriosa;
te desvistes sin opciones
mientras las ventanas callan
y aconsejan tu huida.
¿A quién le abres las puertas?

Burda y femenina,
cómplice y victima
del infierno que llamas hogar
ocultando todos los golpes en un vientre
que perdió el privilegio de engendrar de nuevo.

Sumisa y perdida.
solo hasta que puedas gritar el idioma de tu dolor
y con la fuerza de años en prisión
alguien podrá entenderte
y salvarte.

En cualquier abecedario.

POLÍGLOTA

No existen las lenguas muertas.

Tu cuerpo desnudo
hace bailar la mía
en el idioma que quieras.

      There are not dead languages.

      Your naked body makes me
      shout poetry all over yours
      in all possible sounds.

Δεν υπάρχουν νεκρές γλώσσες.

Το γυμνό σου σώμα
χορεύει μαζί μου
στη γλώσσα που θέλεις.

EL DÍA EN QUE GRECIA ESTUVO EN FUEGO.

El día en que Grecia estuvo en fuego
el corazón de los extranjeros
se pintó de azul
y el cielo lloró a este lado del atlántico.

El humo y el ardor dolía en el pecho
consumiendo tu historia, carbonizando tus muros;
y con solo el éxodo por delante
caminas deseando que el verano se acabe.

La ola de calor ha apagado tus caminos,
ha cerrado las conexiones
dejando las dudas al sol
con un vacío que no se extingue.

Tus casas se caen
y el sol parece no irse, ni siquiera de noche.

No lloras porque el fuego calcina y evapora
al igual que lo hace el tiempo.

Pueblo invencible con corazón color cielo;
aunque te arrancaron la piel
nada opacará tu azul.

El bosque ha sido incinerado,
y el oxígeno de quienes te habitaron
ya no late en tu pecho.

Madre de Madres,
sé que lloras el principio y fin de quienes no llegaron
a tus aguas en busca de refugio.

Los dioses observan el paraíso arder.

Mientras haya fuego
solo en el mar griego
encontrarás consuelo.

PARA EL DES(AMADO)

Yo
aunque no soy experto,
pero si me han roto mil veces el corazón
(razón por la que soy poeta)
puedo decirte:

Que el amor, son mil intentos en una cuerda floja
que, si caes,
ni la cuerda
ni el vacío serán los cobardes si no te levantas y te
repones.

El amor es la piedra,
el zapato,
el pie y el camino.

No frenes por alguien que aceleró tan pronto vio tus
intenciones.

Tal vez el peor error que puedas cometer
no es juntarte con la persona equivocada,
sino insistir en querer estar con ella.

No le temas al amor.
Puede lucir como un león al rugir,
pero cuando lo domas, es algo espectacular.

Reta al amor, y no dejes que él te rete.

Algún día me voy a alejar.
Se me irán las luces y quedarás de nuevo
en esa oscuridad que tanto anhelas.

Las calles se llenan de risas, de voces,
de barro y de saliva;
las mismas calles que nos vieron correr
y celebraron nuestras manos conjugarse
en presente y futuro.

No sentiré pesar.
En algún lugar de la mar
quedarán las palabras
que no se esfumaron
pero que ya no nos sirven
ni bastarán para volver a ser nosotros.

Nunca me lo dijiste
pero lo sé,
la fatiga no nos deja más
que una monotonía inconclusa
y un amor muerto;
dos espadas sin filo
que ya no hacen la guerra en la cama
ni el amor en la piel
y que, oxidadas lloran sobre nuestros ácidos cuerpos
inertes y frustrados del placer a medias.

No podemos
Y ya no te quiero.

94

MOSCÚ

A Ilya.

Surqué el cielo
trazando caminos de ida y vuelta
y aprendí tu idioma
para que nuestro amor se entendiera.

La nieve de tu ciudad natal
rodeaba mis pestañas
y entendí que no es París la ciudad del amor,
sino en la que nos tomamos de la mano
desafiando la gravedad a blanco y negro.

MOSCOW

I went through the sky
tracing back and forth paths
and I learned your language
to make our love understandable.

The snow of your hometown
surrounded my eyelashes
and I discovered that is not Paris the city of love
but the one in which we hold hands
defying gravity in black and white.

AL CESAR LO QUE ES DEL CESAR

Al cielo, el sol y la luna
y el soñador que lo observa,
con fe.

Para una cama vacía
un cuerpo solitario,
un corazón roto y una noche fría.

Al desequilibrio,
un pasado y una cicatriz que se abre de nuevo
inundando los vacíos;
el tiempo perdido resumido en un recuerdo.

A un amor no correspondido,
el adiós
y a las grietas el perdón.

Al tiempo, tiempo
que se arruga en la frente
de los que no sueñan
para convertirse en frustración.

Al miedo,
la cobardía o la valía,
la espada sin pared.

A la luna, las estrellas;
y las fugaces
que, recuerdos dejan
con deseos cumplidos.

Al cielo,
el mar
y la tierra.

Para el reencuentro, un abrazo.
A la desnudez, un cuerpo.
A la vida, otra oportunidad.

Y para mí,
tú.

ENTRE GIGANTES

*Inspirada por Among the
Giants
de **Marcus Warner**, y escrita
bajo su melodía.*

Camino entre gigantes.

Alrededor de la fragancia de los viejos tiempos
y los lugares en los que estuve y no recuerdo.

Camino entre sueños bodrios que alguien me inculcó
y en la decepción de mamá,
porque todo el dolor en su cuerpo
fue en vano.

La avenida no está sola.
Siluetas inalcanzables y seguras de su destino la
dibujan,
                    pero nadie me nota,
hasta que un rostro me reconoce
y se aleja.

Transito entre cuerpos que admiro,
los mismos que se mecen
en el asco de mi comunidad
predicando colores

que nunca sangraron,
-que nunca reconocerán-
ignorando que, de rodillas y
con un trozo de carne entre la boca,
no se ve el arcoíris.

Llevo en mi maleta
la miseria que alguien me dejó
con el recuerdo de quién moldeó mi cuerpo a su
antojo
y ya no cabe en otros,
despreciando la igualdad como excusa
para iniciar de nuevo.

Atestiguo la desgracia de quien deja su vida
y se niega a florecer
para convertirse en nómada,
convencido de que el sueño cumplido está en las
avenidas
que presencian con desdén los caminos de regreso
de quien fracasó y envejeció.

Al final del día
los ojos pervertidos de quien me deseó,
la burla y el asedio se llevan mis ganas
y me dejan sus demonios.

Jactado de la inmundicia
que otorga los años
retrocedo,

y el humo
de los mismos ebrios que engendra el vino me asedia.
Y entonces llega él
reclamando mis demonios
para juntarlos con los suyos,
viendo en mi edad
su oportunidad de sentirse joven.

Me toma de la mano
para recordar el perdón que nunca recibió
y que se redime con nuestros dedos entrelazados.

Camino junto a él
para consolarnos la miseria de lo recorrido,
manteniendo la promesa de lo eterno
y de lo que una sonrisa puede salvar.

Ese es él.
    Mi compañero,
    mi camino,

mi gigante.

AMONG THE GIANTS

*Inspired by Among the
Giants by **Marcus warner**, and wrote under
its melody.*

I'm walking among giants.

Around the smell of the old times
and the places I have been
which I can't remember.

I walk among rotten dreams that someone instilled
me
and in mom's disappointment,
because all the pain in her body
was in vain.

The avenue is not alone
but nobody notices me.

I'm looking for a bridge,
a connection
to take me for a new way
and take my life away.

Suddenly, a face recognizes me
and then walk away.

I transit among the bodies I admire
fucking in the disgust of my community,
preaching colors
they never bled,
colors they'll never recognize,
ignoring that
being on their knees
with a pound of flesh in their mouths,
the rainbow loses its color.

I carry in my suitcase
the misery that someone left me
with the memory of the one who shaped my body at
his will
and it does not fit in others anymore,
despising equality as excuse
to start all over again.

I witness the misfortune of those who leave their lives
and refuse to bloom
to become a nomad,
convinced that we fill our dreams
in the avenues that look with disdain
all the return roads from all who failed and grew old.

At the end of the day
the lust of the moment
that ends with the illness
in the eyes of a perverted man,
take my strength

and left me their demons.

Beaten by the misfortune
that grant the years
I step back,
and the smoke
of the same drunks calved by the wine
besieges me.

That's when he came
claiming my demons
joining them with theirs,
seeing in my age
his chance to feel himself young

He took me by the hand
remembering the forgiveness
redeemed with the touch of our skin.

I walk next to him
to console each other for the misery of the journey
and keeping the promise of the eternal,
remembering all that a smile can save.

That's him.
        My partner,
        my path,
my giant.

NO ESPERES NADA DE MÍ

Porque me encontraste aletargado en recuerdos
y con los labios llenos de casualidad,
justo en el momento en que no quiero remiendos
y no tengo soledades que aliviar.

No esperes nada de mí.

Porque soy Ícaro.
Y tú, el mar y el sol:
me quemas, me ahogas
y necesito volar.

Porque no te puedo traducir las estaciones
que buscas en otras repúblicas
y no podrás seguir siendo inmarcesible
mientras en mi inercia
evito que los recuerdos y la enfermedad
invadan mi piel.

Porque no necesito la fe que me tienes
y no sé nada de lo que te digo,
ni lo soy.

No esperes nada de mí.

Porque hay un cuerpo atareado que me espera de
regreso a casa

y a pesar de que me ha fallado,
le desvisto el horror y queda el consuelo derramado
en el suelo.

No esperes nada de mí.
porque nunca te daré verbos para conjugar,
ni tiempo para definirnos.

Porque mi querer es un extranjero
que no habla tu idioma
y mis coordenadas no coinciden.

Porque, a pesar de que la casualidad nos escogió,
el final
nos puede augurar
el inicio de algo
que no conocemos.

EL PUENTE

Para construir un puente
es necesario un vacío
en medio de dos puntos sólidos
evitando la caída un cuerpo en movimiento.

Estoy al borde del abismo
¿vendrás?

THE BRIDGE

To build a bridge it takes an empty space
between two solid points to avoid
the falling of a body in motion.

I'm on the edge of void
will you come?

Η ΓΕΦΥΡΑ

Για να χτίσεις μια γέφυρα
χρειάζεται ένα κενό χώρο
Μεταξύ 2 στερεών σημείων
για να αποφευχθεί
η πτώση του σώματος σε κίνηση

Είμαι στην άκρη του κενού.
Θα έρθεις;

МОСТ

Через ущелье, меж двух берегов
возможно строить виадук —
тогда никто не упадёт во вращении.

И я на краю бездны.
Придёшь ли ты?

GREEK TRAGEDY

NOCHES UTÓPICAS

Tú
en mi cama,
abrazando mi pelvis
con tus piernas.

Gritando ¡aleluya!
al santo de tu devoción.

UTOPIAN NIGHTS

You
in my bed
wrapping up my pelvis
with your legs.

Shouting ¡hallelujah!
to the saint of your devotion.

RUTINA

Abres los ojos
con el deseo de cerrarlos para siempre.

ROUTINE

You open your eyes
with the will to close them forever.

POYTINA

Ανοίγεις τα μάτια
με την επιθυμία να τα κλείσεις για πάντα.

CUARENTENA

Ya perdí la cuenta de cuantos atardeceres he perdido.

Es la primera vez
que el espacio entre nosotros
no nos hace daño
mientras de tu casa a la mía
hay historias de quienes temen,
de quienes se alejan porque aman y mueren,
de fronteras en nuestra nacionalidad
sin pasaporte para ir a verte.

Ya no sé si es luna llena o fue.

Y en la vergüenza de un poeta
debo admitir que,
es la primera vez que no quiero escribirte.

Quiero sentirte.

DOS CAMINOS

No importa
que lleves una doble vida.

Estoy seguro de que
por cualquiera de los dos caminos que recorras
te sorprenderá mi presencia.

DOIS CAMINOS

Não importa
que leve uma vida dupla.

Estou certo
de que,
por qualquer camino
que percorra,
minha presença
vai te
surpreender.

TWO PATHS

No matter if you lead a double life.

I'm sure that
whichever path you walk
You'll be surprised
by my presence.

MORIR

> *Cuando pensar demasiado*
> *no es una opción.*

Cuando estás a punto de morir
las tres de la madrugada suenan en tu cabeza,
ves la estrella de David,
las sagradas escrituras
y objetos con tu esencia que yacen en la oscuridad
mientras lloras esperando que algo o alguien te salve.
Pero no hay más que noche y silencio.

Cuando estás a punto de morir
tienes todo por hacer
y la sensación de responsabilidad a la vida
se dispara en un cuerpo, que, agonizante
reflexiona que tal vez no merecía morir...

O estar vivo.

PERDÓN

A quienes permanecen.

Perdón por ser más sensible al olor de una flor,
al sonido de la lluvia, al dolor.

Perdón por hacer que el sol no brille para mí
con la misma intensidad que brilla para el resto.

Por odiarme por ser quien soy
por odiarme, por ser quien soy.

Perdón por prolongar el sufrimiento,
por despreciar la felicidad con mi sonrisa jubilosa y
altiva
procrastinando el olvido.

Por amar la lluvia y no hablar tanto,
por haberle regalado mi idioma a los demonios,
por no creer en Dios.

Perdón por mi tránsito lento entre el desprecio,
por mostrarme hosco ante el estío
y querer que el otoño se quede en mi cama
sin hablar, sin nevar.

Por dejar que mis defectos me definan
agitando el porvenir de quien me rodea,

Ignorando que también soy prójimo.

Por la dualidad en la que se balancea mi vida
viajando incesante en un mundo que no me recuerda.

Perdón por las cosas que no puedo controlar
y por las historias que no puedo contar.

Pero no te preocupes,
me iré con el dolor y los libros que se escriben
mientras mis luces se apagan.

Algún día.

HAY COSAS QUE ME SUPERAN

Que desde ahora solo nos
supere la libertad.

Hay cosas que me superan.

Cómo la línea de inicio
trazada en las nubes
que dan luz verde a la lluvia
que, ferozmente baña mi jardín.

Cómo que la velocidad del sonido
rompa mi voz
y nadie me entienda.

A ser juzgado
por lo que tengo que callar.

Pero Nunca.

Nunca me superará el filo de tus palabras;
porque con ella surco el cielo
mientras me empapa la lluvia
en mi viaje de ida y vuelta.

LOCURA

18

No hay más loco que el que se pinta de un solo color,
el que hace con corbatas rutinas
y del cansancio un trofeo

TREGUA

Hice una tregua con la vida.

Le prometí no maldecirla
Si llenaba mis espacios
lanzando el karma por la ventana.

Luego, llegaste tú.

IGUALES

Tus dedos se enredan en mi cabello
y avanzan como ermitaño
cuando conoce el camino a casa
en la inmensidad del bosque.

y es ahí,
en ese preciso momento
que pienso en atar nuestras vidas
con cada una de nuestras corbatas,
esas que guardamos en el mismo lugar
en el que solemos escondernos
para besarnos y tocarnos.

MI SOLEDAD

Recuerdo el ayer.

Mis ojos aún reflejan
lo que se fue
hiriendo mi corazón,
y debo pretender
que no duelen los días que pasan
mientas aquí grita tu ausencia.

Quiero caminar,
dejar de pensar en ti
pero estoy aquí
intentando no llorar;
tu amor se esfumó
mientras caía lluvia sobre el tejado
que enfrió tu alma y mi alma.

La felicidad fue solo un mito
construido con suspiros
que el tiempo luego desmintió.

Hoy mi soledad
no es pesar,
es creer que mañana todo irá bien.

A veces quiero pensar en tu amar
que ya no está.
Se fue contigo feliz.

MI AUSENCIA

Empiezo a respirar libertad;
ahora puedo absorber el aroma
del café en las mañanas
en paz, en silencio.

Ahora el tiempo
corre junto a mí
y a mi favor;
puedo caminar sin rumbo
sin que sea cuestionado
sobre mi destino.

Puedo reír a mi velocidad,
mi corazón puede palpitar
a su ritmo
sin que nadie controle
mis células,
mis pensamientos
mi vida,
mi ser,
mi imagen
y mis movimientos.

Finalmente, mi nombre
va a dejar de ser ensuciado
por las personas

que lo gritan
queriéndome esclavizar
y hacer de él y de mi vida
todo un desastre,
toda una desgracia.

Por fin me podré librar
de la injusticia
que me ha rodeado
todo este fragmento
de vida, de ese uniforme
al que la verdad
no conoció la bondad
y tuvo que jugar del lado
de la desigualdad.

Ya nadie va a decirme que hacer.

el negocio
del cual era sinónimo mi nombre
se ha esfumado
y por los pasillos
de aquel lugar
el cual estuve enclaustrado
no se va a volver
a escuchar.

nunca más.

TIEMPOS DE GUERRA

No fui a la guerra
fui al amor.

Estas heridas son marca de una batalla
de la cual ambos perdimos.

Solo quedan las cicatrices en la piel
que,
nos recordará
cuantos meses de sequía
y cuantos de lluvia
vivimos.

LIBER(TAD)

A Liber.

Y si tuviera que definirte,
tu nombre es Libertad.

POESÍA

Poesía son las líneas
que trazo en tu espalda
con mis dedos,
escriturándote mía
con perfecta ortografía.

POETRY

Poetry are the lines I draw on your back,
with my fingers
while you´re mine
with perfect orthography.

ПОЭЗИЯ

Поэзия - строки,
что я рисую на твоей спине
пальцами,
пока ты моя,
с точной орфографией.

EUTANASIA

128

Te conocí y me indujiste al coma.

Firmé una sentencia
tomándote de la mano
con la alegría de quien cree en el romanticismo
y de que nos pueden regalar la luna.

No desperté
porque en tus sábanas lo tenía todo
y en mi respiración estaba tu pecho.

Nunca salí de mi zona de confort.

Te fuiste y descubrí que nunca más
pude abrir mis ojos.

No fue tu ausencia lo que me mató.

Fui yo.

SUSPIRO

Un suspiro
es una bocanada de aire
llena de sentimientos,
sensaciones y pensamientos
que se expulsa en momentos
en los que nos llenamos de tanto amor.

Ojalá pudiéramos guardar esos suspiros
en una botella
para luego entregarlos a esa persona,
como prueba real del amor que sentimos,
ese que nunca decimos.

NÓMADA

No quiero enamorarme de ti;
no deberías enamorarte de mí.

eres nómada,
y lo primero que empacas
es tu corazón;
dejando en cada kilometro
un panorama
de falsos sentimientos
montañas de cuerpos cansados
y mares de lágrimas.

CONSTELACIONES

Somos constelaciones.

Y solo estando lejos,
es que podemos ver
las líneas trazadas desde uno,
hasta el otro.

Es ahí,
en la distancia
que sabemos si realmente,
hay un camino que conduce a nosotros
y escribimos historia,
mientras vamos de camino a nuestro choque.

Para los que hacen
Que los latidos de mi corazón
No sean en vano

Eres el poema
que siempre querré recitar
en voz alta

You are the poem
that I always want to recite aloud.

Eres el poema
que siempre querré recitar
en voz alta

Y ahí,
en el borde de tu cuerpo
es donde
me quiero lanzar al vacío

And there
in the edge of your body
is where
I want to jump
into the void.

Mi obsesión no está en su cabello;
está en la forma en la que el viento
lo hace libre.

My obsession
is not in your hair;
It's in the way
that wind makes it free

Наваждение
не в твоих волосах.
В том, как ветер их
освобождает

Te pintaste el cabello de azul
y ahora no sé a cuál cielo
dirigir mi mirada.

You paint your hair of blue
and Now,
I don't know
which sky
I'm watching to.

Olvidar
es como querer formatear un girasol deshojado
por saber si me querías o no me querías.

To forget it's like to reset a leafless sunflower
Just to know if you loved me or not.

¡Agárrame fuerte, que la vida va a acelerar!

140

¡Hold me tight! Life is about to accelerate!

A la hegemonía del dolor todos van,
pocos vuelven.

141

To the hegemony of pain everyone goes,
Few return.

Quiero orbitar tu cuerpo
para saber
cuantas lunas
tatúan tu piel.

I want to orbit your body
Just to know
how many moons
are tattoed on your skin

Y te seguiré queriendo
hasta que el vino deje de embriagar a los bohemios.

143

And I will keep loving you
until the wine ceases to get drunk the bohemians.

Siempre me tuviste ahí,
donde empieza tu ego
y termina tu corazón.

You always got me there,
where your ego starts
and your heart ends.

Tantas personas
han pasado
y tocado mi corazón,
que no sé,
cual de todos nosotros
es el fugaz.

Too many persons passed
through my path
and touched my heart
that I don't know
which of all of us
is the fleeting one.

I always wanted to make myself understand in other languages.

LEJOS DE AQUÍ

En un país
lejos de aquí,
tu casa,
es mi paraíso.
(Spanish - Español)

בארץ רחוקה מכאן
הבית שלך
הוא גן העדן שלי
(Hebrew - Hebreo)

Σε μια χώρα
μακριά από 'δω,
το σπίτι σου,
είναι ο παράδεισος μου.
(Greek - Griego)

In a country
far away from here
your house
is my Paradise
(English - Inglés)

In un paese
lontano da qui
La tua casa
è il mio paradiso
(Italian - Italiano)

В стране
далекой от меня
твой дом
это мой рай.
(Russian - Ruso)

Eräässä maassa/
kaukana täältä/
sinun talosi/
on minun paratiisini.
(Finnish – Finlandés)

V zemi daleko odtud,
tvůj dům je můj ráj.
(Czech – Checo)

Dans un pays
loin d'ici,
votre maison
est mon paradis.
(French – Francés)

I ett land
långt härifrån
är ditt hus
mitt paradis.
(Sweden – Sueco)

V krajine
daleko odtialto
tvoj domov
je mojim rajom.
(Slovak – Eslovaco)

U državi
daleko odavde,
tvoja kuća
je moj raj.
(Bosnian – Bosnio)

In einem Land
fern von hier,
Dein Haus
ist mein Paradies.
(German – Alemán)

في بلدٍ
بعيدةٍ من هنا
بيتك
هو جنتي.
(Arabian – Árabe)

W kraju
daleko stąd,
twój dom
jest moim rajem.
(Poland – Polaco)

Într-o țară
departe de aici,
casa ta
este paradisul meu.
(Romanian – Rumano)

ある国で
ここから遠いところで
あなたの家
は私の楽園です
(Japanese – Japonés)

Ühel maal/
siit kaugel/
on sinu kodu/
minu paradiis.
(Estonian – Estonio)

I et land
Langt borte herfra
Ditt hus
Er mitt paradis.
(Norwegian – Noruego)

En un país
Llunyà
Casa teva
És el meu paradís.
(Catalan - Catalán)

تو یه کشور
دور از اینجا
خونهء تو
بهشته منه
(Persian – Persa)

AGRADECIMIENTOS.

Agradezco a los rotos en mi corazón y a los hilos que intentaron recomponerlo. A mis sentimientos y al viento que los empuja.

Agradezco a los hombres, mujeres, fragancias, lugares, canciones y sentimientos que inspiraron cada línea, cada letra, cada página. También a mis historias en esos lugares, en esas pieles que, con aromas, texturas y colores diferentes, me han enseñado el arte de querer, y de dejar de hacerlo.

A mi mamá, Patricia López. Soy su mejor herencia en este planeta y eso me reconforta un poco.

A las situaciones; las buenas se enredan con el viento y acarician todo mi cuerpo, mi ropa y mi ser, las malas olvidan la hora y yo solo pienso en la forma en convertir las avalanchas en combustible. Transformar lo malo en bueno.

A los lugares que no he ido, y en los que he sido fugaz pero que fueron testigos de mi andar. A las aceras en las que he caminado intermitente y a veces constante en busca de solución a mis dudas, consuelo al dolor y espacio en un vació que se llevó la gloria que pronto recuperé.

A los triviales, apasionados, soñadores, fugaces, etéreos, ambiguos y humanos como yo. A las canciones, compositores, sonidos y grupos que ambientaron mi vida durante la escritura de este libro, y de las cuales recibí inspiración.

Agradezco a todas las personas que tradujeron para mí en sus idiomas originales. También, agradezco a Nana Gonzalez en Costa Rica (Nana CR Books) @nanacrbooks por ser la primera persona en leer este libro, en retroalimentarme con sus consejos, por creer en este proyecto y lo más importante: por verse reflejada en algunas páginas y disfrutar ese sentimiento.

A mi hermano Edgar Larrota por su arte y asesoría, a Nicolás Galeano por su apoyo, a Danil Afanasev en Rusia por sus traducciones y apoyo, a Enrique Saravia en Guatemala por su ayuda e ilustración, a los países, al mundo y a los idiomas.

A Lorena Cerro, una compañera y amiga que curiosamente conocí cuando empecé a escribir este libro, ella conoce mis pasiones, andares y debilidades y las abraza sin prejuicio; le agradezco por esa hermosa amistad en mis momentos lúcidos y por su apoyo en mis momentos oscuros.

A ese cielo en el que todos creemos, aunque no esté en el mismo lugar para todos.

SOBRE EL AUTOR

David López

Bogotá, Colombia. 23 de febrero de 1994.

Escritor independiente, amante de los idiomas, y de las diferencias que nos hace únicos y nos une. Aunque no conoce tantos lugares como quisiera, David ha sido capaz de plasmar en papel las experiencias vividas en territorios y personas.

Actualmente se encuentra trabajando en nuevos proyectos tanto de poesía como novela juvenil.